MANDALAS BUDISTAS

IMAGENS INSPIRADORAS PARA DESENHAR, COLORIR E MEDITAR
– ACOMPANHADAS DE INDICAÇÕES DE CORES COM BASE NA CROMOTERAPIA –

LISA TENZIN-DOLMA

Tradução
GILSON CÉSAR CARDOSO DE SOUSA

Editora Pensamento
SÃO PAULO

O ÂMAGO DA SERENIDADE

AS MANDALAS BUDISTAS SÃO REPLETAS DE SIMBOLISMOS QUE PODEM EVOCAR DIFERENTES ASPECTOS DO ENSINAMENTO BUDISTA. ENTRETANTO, ENFATIZAM SEMPRE A SERENIDADE E A PAZ NO CERNE DA VERDADE. EMBORA O MUNDO SEJA UM LUGAR DE SOFRIMENTO, AS MANDALAS SÃO UMA PORTA ATRAVÉS DA QUAL PODEMOS TRANSCENDER ESSE SOFRIMENTO. GRAÇAS À BELEZA DOS PADRÕES E AO PODER DA MENTE, ALCANÇAREMOS A REALIZAÇÃO.

As raízes do budismo remontam a uma época entre 600 a.C. e 500 a.C., quando o príncipe indiano Sidarta Gautama alcançou o estado supremo de iluminação, tornando-se o mestre espiritual conhecido como o Buda ou o "Desperto". Após renunciar aos bens materiais, ele empreendeu uma busca esclarecedora por toda a Índia a fim de compreender a natureza do sofrimento. Mergulhou na meditação e adotou, como modo de vida, o Caminho do Meio – evitando, depois de uma experiência nada satisfatória de ascetismo, os dois extremos da autoindulgência e da autonegação. Durante um período de meditação profunda sob a árvore Bodhi, em Bodh Gaya (norte da Índia), Gautama finalmente descobriu a verdade da existência (*dharma*) e a libertação do ciclo infindável dos nascimentos pela entrada no *nirvana*: um estado sublime do ser.

Buda dedicou a vida a ensinar o dharma a seus semelhantes e, após sua morte, tudo o que ele ensinou foi perpetuado em templos e mosteiros que adotaram essa verdade. O budismo floresceu por toda a Ásia, mas, aos poucos, escolas diferentes foram surgindo. Os princípios básicos não se alteraram; no entanto, práticas e crenças individuais se impuseram. Há duas tradições primárias no budismo: o theravada e o mahayana. Ao contrário dos seguidores do theravada, os budistas mahayana acreditam em budas celestiais e *bodhisattvas* – seres que orientam os humanos em direção ao despertar espiritual. Os bodhisattvas já são iluminados, mas, compadecidos da humanidade, permanecem na Terra para ajudá-la. Quando, finalmente, alcançam o nirvana, tornam-se budas celestiais e conquistam poderes ainda maiores. Existe todo um panteão desses seres, muitos dos quais são pintados de diversas formas na arte budista – como as mandalas, especialmente as que ilustram palácios de deuses.

As mandalas são uma antiga forma de arte oriental originada por volta do século IX d.C. As mandalas tradicionais, muitas vezes criadas por monges budistas, são frequentemente representações ricamente elaboradas do nirvana. A palavra "mandala" (que em sânscrito significa "círculo" ou "cercado") aparece pela primeira vez no *Rig Veda*, a antiga escritura hindu, mas é com a tradição budista, em particular a tibetana, que as mandalas costumam ser mais comumente associadas. Elas derivam das tradições espirituais do Oriente e são consideradas

"A LUZ DA SABEDORIA NÃO PODE BRILHAR NUMA MENTE ASSIM. A SOLUÇÃO PARA ESSE PROBLEMA É A MEDITAÇÃO."

LAMA YESHE

(1935-1984)

"A CONCENTRAÇÃO SE DIRIGE PARA UM PONTO ÚNICO, LIBERTA DE MAUS PENSAMENTOS. A SABEDORIA DECIDE O QUE A VERDADE REALMENTE É."

NAGARJUNA

(150-250 D.C.)

"A MENTE QUE REPOUSA SOBRE NADA É A MENTE BÚDICA... UMA MENTE LIVRE TANTO DA ILUSÃO QUANTO DA REALIDADE."

HUI HAI

(720-814 D.C.)

"DESCOBRI ESTE CAMINHO PARA A ILUMINAÇÃO... BROTARAM EM MIM A VISÃO, O CONHECIMENTO, A ACUIDADE E A LUZ."

SAMYUTTA NIKAYA

(SÉCULOS VI-V A.C.)

O Sri Yantra é conhecido como a "mãe de todos os yantras", pois estes derivam dela. Consiste no entrelaçamento de triângulos rodeados por dois círculos de pétalas de lótus, todos fechados dentro de uma cidadela provida de portas. Os triângulos apontados para baixo representam Shakti, o princípio feminino; os apontados para cima representam Shiva, o princípio masculino.

mapas do cosmos. Em meditação, funcionam como guias para uma autocompreensão mais profunda e para a aquisição da verdade absoluta.

O diagrama cósmico representa uma esfera sagrada ou espiritual por meio de um padrão de formas e imagens simbólicas, geometricamente organizadas – e mesmo seres celestiais em algumas encarnações búdicas. Em suas imagens e formas, as mandalas refletem o macrocosmo (o cosmos) e o microcosmo (a mente e o corpo da pessoa). Elas fornecem um importante subsídio para a meditação e um meio para unificar o macrocosmo e o microcosmo; despertam a energia espiritual da pessoa e apontam o caminho rumo à iluminação.

As mandalas especialmente escolhidas para este livro refletem diferentes aspectos da crença e da tradição budistas. São simples instrumentos para a meditação, uma disciplina-chave do dharma adotada por todas as formas de budismo. Algumas se baseiam em originais tibetanos, enquanto outras incorporam simbolismo budista histórico ou empregam símbolos universais a que nossas mentes consciente e inconsciente responderão sem dificuldade.

Ao escolher neste livro uma mandala para colorir ou usar na meditação, prefira aquela que, de fato, tenha para você um apelo bastante forte. Todas as mandalas são apresentadas em forma de desenhos. Após os 26 primeiros, complexos e sofisticados, vem uma seleção de padrões geométricos básicos com os quais você poderá criar os seus próprios desenhos. Depois de escolher sua mandala, oriente-se pelas cores sugeridas para decidir quais irá aplicar ou aplique-as seguindo a própria intuição. Se a mandala for colorida de acordo com sua preferência pessoal, você poderá iniciar a meditação.

A meditação depende muito da concentração. Assim, antes de usar a mandala que coloriu, encontre um local tranquilo onde possa se sentar longe de distrações e ruídos. Procure absorver a atmosfera de serenidade à sua volta e tente, de início, acalmar a mente, respirando de maneira lenta e profunda. Use o guia passo a passo abaixo para adquirir prática.

COMO MEDITAR COM AS MANDALAS

1. Coloque a mandala escolhida numa mesa ou no piso, ao alcance da mão, diante de você e em linha com seus olhos. Sente-se confortavelmente – numa cadeira, com os pés pousados no piso, ou numa almofada, com as pernas cruzadas.
2. Respire devagar e profundamente, a partir do diafragma, enquanto esvazia e acalma sua mente.
3. Sem esforço, fixe a mandala e relaxe os olhos até que a imagem fique ligeiramente fora de foco.
4. Sentado em silêncio, concentre-se na imagem e faça com que suas formas, padrões e cores trabalhem sua mente inconsciente. Se surgirem pensamentos que o distraiam, liberte-os ir e, sem esforço, concentre-se de novo na mandala.
5. De início, faça isso por pelo menos 5 minutos. Nas sessões seguintes, procure aumentar o período de meditação para 15 minutos.
6. Quando estiver pronto, traga lentamente sua atenção de volta ao mundo que o cerca.

BANDEIRA DO SONHO

O SÍMBOLO DA ONDA DUPLA DESSA "BANDEIRA VITORIOSA DA SABEDORIA DO BUDA" APARECEU PRIMEIRO A UM MESTRE BUDISTA TIBETANO DURANTE UMA VISÃO. SIMBOLIZA A UNIÃO VITAL DA SABEDORIA E DA COMPAIXÃO.

1. Primeiro contemple o bloco de nuvens e imagine que elas estão lançando um véu sobre a verdade que todos os buscadores querem encontrar. Como nossos pensamentos, esses obstáculos ao entendimento deixam de ter importância quando não lhes damos atenção.
2. Agora atente para a bandeira de sonho enquadrada pelas nuvens. Metade da área, em termos gerais, denota o Céu e a espiritualidade, enquanto a outra metade denota a Terra e a experiência humana. Imagine a bandeira se agitando ao sopro da brisa – um indício de onde a verdade pode ser encontrada.
3. Agora pense, de maneira diferente, sobre o simbolismo cromático mais básico da bandeira (depois de colori-la seguindo as instruções abaixo): o azul significa sabedoria; o amarelo, compaixão infinita. A onda dupla reúne essas duas qualidades – pois a união da sabedoria e da compaixão é que permite à pessoa explorar todo o seu potencial humano neste mundo.

CORES SUGERIDAS

SÍMBOLO DA ONDA DUPLA na bandeira do sonho: de um lado, **amarelo** para compaixão, enraizamento, terra; do outro, **azul** para sabedoria, infinito, ascensão.

MOLDURA da bandeira do sonho: **amarelo** para compaixão, enraizamento, terra, com pontos **azuis** para sabedoria, infinito, ascensão.

NUVENS: **branco** para conhecimento, pureza, longevidade, com borda **amarela** contra fundo **azul-celeste**.

CÍRCULO EXTERNO: **amarelo** para compaixão, enraizamento, terra, com pontos **azuis** para sabedoria, infinito, ascensão.

"A MENTE DEVE SER VASTA COMO O CÉU. OS EVENTOS MENTAIS DEVEM SE DISPERSAR COMO NUVENS."
LONGCHENPA

(1308–1363)

A RODA DA VERDADE

A RODA É UM SÍMBOLO MUITO IMPORTANTE NO BUDISMO: REPRESENTA TANTO OS ENSINAMENTOS DO BUDA QUANTO O CICLO INFINDÁVEL DOS NASCIMENTOS. DESSE CÍRCULO, SÓ PODEMOS NOS LIBERTAR POR MEIO DO DHARMA E DA COMPREENSÃO DA VERDADE.

1. Observe o símbolo do yin yang (t'ai chi) no centro desta mandala. Ele representa os opostos complementares do masculino e do feminino, das trevas e da luz, da compaixão e da ação. Cada um contém a semente do outro.
2. Projetando-se do símbolo do yin yang, veem-se os oito raios da roda, que representam o Caminho Óctuplo do Buda: visão correta, intenção, fala, ação, modo de vida, esforço, percepção, concentração. Siga sua projeção através de dois círculos concêntricos antes de chegar à orla externa da mandala. Esses círculos são camadas de percepção espiritual; atravessando-as, você avança na busca de sua verdade interior – a libertação final.
3. Apreenda a mandala inteira e sinta a força, a sabedoria que emanam da roda. Agora, imagine que ela gire lentamente, refletindo, com esse movimento, a mudança espiritual operada em seu íntimo. Absorva a força da roda enquanto ela gira.

CORES SUGERIDAS

SÍMBOLO YIN YANG: **vermelho** para feminino, compaixão, intuição, emoção. **Branco** para masculino, ação, conhecimento, intelecto.
RAIOS DA RODA: **laranja** para sabedoria, força, espírito.
CÍRCULOS INTERNOS: **branco** para conhecimento, pureza, longevidade.
PADRÕES NOS CÍRCULOS CONCÊNTRICOS EXTERNOS: colora de acordo com sua intuição, usando as seguintes cores: **vermelho** para feminino, compaixão, intuição, emoção. **Verde** para equilíbrio, harmonia, crescimento, fertilidade. **Azul** para infinito, ascensão, cura.

"AS ILUSÕES CESSAM NA ESFERA DA VERDADE. NÃO HÁ LIMITES QUE POSSAMOS VER."
SOSAN ZENJI
(SÉCULO VII d.C.)

FONTE DOS ELEMENTOS

ESSA MANDALA, DENTRO DE UMA ESTRUTURA BASEADA NA REPRESENTAÇÃO TIBETANA TRADICIONAL DO PALÁCIO DOS DEUSES, APRESENTA OS CINCO ELEMENTOS – DOS QUAIS O QUINTO É O ESPÍRITO. NO FIM, SOMOS RECONDUZIDOS À FONTE: AS ÁGUAS DA VIDA.

1. Observe a mandala toda, principalmente o quadro em ângulos retos (o cosmos) e o círculo interno (eternidade e perfeição espiritual). Imagine-se então um visitante privilegiado do palácio sagrado. Penetre no pátio externo e sinta a atmosfera espiritual invadi-lo.
2. Agora penetre mais fundo nos quatro pavilhões internos, que representam os quatro elementos: Água, Ar, Terra e Fogo (no sentido horário). Eles estão no cosmos, mas também dentro de você. Absorva suas energias antes de entrar no santuário interno, cujo círculo é o quinto elemento, espírito.
3. Você está agora no centro do jardim, borrifado pelas águas da fonte – a força vital que flui eternamente. Imagine a água preenchendo-o com sua espiritualidade benéfica – sinta-se repleto de amor e compaixão. Em seguida, deixe-a extravasar e partilhe-a com o mundo.

CORES SUGERIDAS

FONTE: **amarelo** para compaixão, enraizamento, terra.
ÁGUA e PADRÃO QUADRADO: **branco** para conhecimento, pureza, longevidade.
ANEL EM TORNO DA FONTE: **azul** para infinito, ascensão, cura; com pontos **brancos** para conhecimento, pureza, longevidade.
QUATRO PAVILHÕES INTERNOS: **verde** para harmonia, crescimento, fertilidade.
QUATRO BÚSSOLAS: **amarelo** (simbolizando o ouro) para santidade, sol, iluminação.
MOLDURA EXTERNA: **vermelho** para amor, empatia, intuição.

"NÃO SEPARES TEU SER DO RESTO DAS COISAS, MAS MISTURA O OCEANO COM A GOTA E A GOTA COM O OCEANO."

ENSINAMENTO BUDISTA TIBETANO TRADICIONAL

GARUDA

OS GARUDAS SÃO CRIATURAS SEMELHANTES A PÁSSAROS COM BRAÇOS HUMANOS QUE SIMBOLIZAM A SABEDORIA NO BUDISMO TIBETANO. A SERPENTE, SÍMBOLO DA CÓLERA E DO ÓDIO, REPRESENTA UM DOS ENTRAVES QUE RESULTAM NO RENASCIMENTO.

1. Concentre-se, sem esforço, no anel de pétalas de lótus. Posicionadas na borda externa da mandala, elas sugerem a possibilidade do nirvana, o estado de ser ideal. Aceite essa possibilidade como concreta.
2. Agora volte sua atenção para a forma angular, geométrica que se liga ao anel de pétalas. É a sua existência terrena, o mundo da mudança e do sentimento. Conscientize-se de quaisquer emoções negativas que possam surgir nessa área. Faça com que elas saiam da página e desapareçam de seu campo de visão.
3. Por fim, concentre-se no garuda, que prende a serpente no bico com ar triunfante. Imagine sua própria sabedoria interior eclodindo numa explosão de tremenda energia, sempre que aquelas emoções reaparecerem. Você está num estado de paz, com a serenidade interior restaurada. Precisa da ferocidade do garuda para se manter puro e preparado para a iluminação: ele está sempre por perto a fim de ajudá-lo em caso de necessidade.

CORES SUGERIDAS

ANEL EXTERNO DE PÉTALAS DE LÓTUS: **laranja** para sabedoria, espírito, iluminação; com folhas verdes entre elas.
SERPENTE: **verde** para emoção, natureza, energia feroz.
CABEÇA DO GARUDA: **azul** para infinito, ascensão, cura.
BRAÇOS DO GARUDA: **vermelho** para energia vital, proteção, força.
ASAS DO GARUDA: **amarelo** para liberdade, vitória, poder solar.
CORPO e CAUDA DO GARUDA: colorir contrastando amarelo, azul e verde.
FUNDO: **céu azul** com nuvens/fumaça brancas.

"CONQUISTE O HOMEM COLÉRICO COM O AMOR. CONQUISTE O HOMEM DE NATUREZA MÁ COM A BONDADE. CONQUISTE O POBRE COM A GENEROSIDADE. CONQUISTE O MENTIROSO COM A VERDADE."

DHAMMAPADA

(SÉCULO I a.C.)

PALÁCIO DA ETERNIDADE

ESTA IMAGEM, BASEADA NA TRADICIONAL MANDALA BUDISTA TIBETANA, REPRESENTA ESSENCIALMENTE O PALÁCIO DO ESPÍRITO. É O UNIVERSO EM SUA TOTALIDADE, COM PORTÕES EM CADA UM DOS QUATRO PONTOS DA BÚSSOLA PARA QUEM QUISER ENTRAR.

1. Medite sobre as rodas e os círculos de flores dentro da mandala, que representam o poder espiritual e a verdade. Atrás deles está a geometria simétrica da criação – a ordem intrínseca da existência, acessível por meio da meditação.
2. Ao observar os quatro portões, tenha em mente que você poderá penetrar as verdades do budismo por qualquer um deles.
3. Fixe o ponto central da mandala, um portal para o autoconhecimento. Aprecie esse primeiro passo que está dando em sua jornada interior. Quando você perceber que a jornada e o destino são uma só coisa, o elemento ausente surgirá como um halo invisível: o círculo perfeito que emoldura o quadrado como a compaixão infinita e abrangente do Buda.

CORES SUGERIDAS

FLORES DE LÓTUS: **rosa** para beleza, perfeição, Buda.
FLORES DE MÚLTIPLAS PÉTALAS: **laranja** para sabedoria, força, espírito.
ENQUADRAMENTOS: **amarelo** para compaixão, enraizamento, terra.
FUNDO: **azul** para infinito, ascensão, cura. **Verde** para equilíbrio, harmonia, crescimento, fertilidade.
Vermelho para amor, empatia, intuição. **Amarelo** (simbolizando o ouro) para santidade, sol, iluminação.

"CONHECENDO-SE UMA COISA, TODAS AS DEMAIS SE ESCLARECEM. PERMANEÇA DENTRO DE SUA NATUREZA INTERIOR, DE SUA CONSCIÊNCIA."
PADMASAMBHAVA
(SÉCULO VIII D.C.)

FOGO PURIFICADOR

ESSA MANDALA SUGERE, POR ALTO, A RODA DO BUDISMO, QUE REPRESENTA O DHARMA. NO ENTANTO, O FOGO TEM MAIS UMA CONOTAÇÃO: É O ELEMENTO PURIFICADOR QUE, SIMBOLICAMENTE, DESTRÓI OS APEGOS EGOÍSTAS.

1. Absorva a energia vibrante dessa mandala de fogo. Depois, atente para o queimador de incenso no centro da imagem, que flutua miraculosamente num vaso de água. Enquanto a água sugere seu eu terreno, as chamas denotam sua capacidade para a transformação espiritual. Você encontrará esse poder de mudança dentro de si mesmo: basta saber olhar.

2. Passe os olhos pelas pontas das chamas que se projetam do centro – como lasers, elas incineram as emoções destrutivas que talvez tenham se apossado de seu ser. Sinta seus desejos mundanos desaparecendo nas chamas.

3. Finalmente, observe as chamas semelhantes a línguas negras que cercam a mandala. Aqui, o calor é mais intenso. A fim de completar sua transformação, deixe que essas chamas consumam o ego e purifiquem o espírito. Elas, então, geram a luz da autoconsciência, enquanto sua pureza brilha radiantemente.

CORES SUGERIDAS

VASO: **marrom** para enraizamento, criação, tradição.
ÁGUA: **azul** para infinito, ascensão, cura.
QUEIMADOR DE INCENSO: **amarelo** para compaixão, enraizamento, terra.
CHAMAS: **vermelho** para força, amor, empatia, intuição. **Laranja** para sabedoria, força, espírito.
Amarelo para compaixão, enraizamento, terra.

"ASSIM COMO UMA VELA NÃO PODE ARDER SEM CHAMA, OS HOMENS NÃO PODEM VIVER SEM ESPIRITUALIDADE."
BUDA
(c. 563–483 a.C.)

RAIO DE DIAMANTE

O RAIO DE DIAMANTE, OU VAJRA, SIMBOLIZA O PODER DA ILUMINAÇÃO: O ATO DE FULMINAR A IGNORÂNCIA E A ILUSÃO POR MEIO DE UM RAIO DE CONSCIÊNCIA. ABSORVA AS ENERGIAS DESSA MANDALA PARA SE FORTALECER EM TEMPOS DE DESAFIO OU MUDANÇA.

1. Observe o ponto central da mandala. Esse é o bindu, o ponto a partir do qual a mandala deriva toda a sua energia. Encare-o como um símbolo de seu eu mais profundo: se conseguir entrar em contato com sua própria energia espiritual, que todos possuímos, você adquirirá o potencial para a grandeza.
2. Note como os raios — com a aparência de cetros de um castão em cada extremidade (alguns cruzados em pares) — se projetam do orbe central como que liberados pela energia do bindu. Juntos, eles representam a condição búdica e o momento da iluminação: os raios atravessam a camada de nuvens externa e substituem a ignorância pela percepção.
3. Capte a imagem toda em sua mente como um emblema da força e da verdade que irão promover e encorajar seu crescimento espiritual. Que ela se fixe em sua consciência como promessa de um futuro radioso.

CORES SUGERIDAS

BINDU: **amarelo** para compaixão, enraizamento, terra. **Vermelho** para amor, empatia, intuição.
Verde para harmonia, crescimento, fertilidade. **Laranja** para sabedoria, força, espírito.
Azul para infinito, ascensão, cura.
RAIOS e CETROS DE QUATRO PONTAS: **amarelo** (simbolizando o ouro) para santidade, sol, iluminação.
CAMADA DE NUVENS: **branco** para conhecimento, pureza, longevidade.

"COMO BRILHA O RAIO, EM MEIO À ESCURIDÃO, PARA O EU ENVOLTO NAS TREVAS DA IGNORÂNCIA,
QUANDO UM MÍNIMO DE PERCEPÇÃO É ALCANÇADO!"
ATIŚA DIPANKARA SHRIJNANA

(980–1054 d.C.)

O LÓTUS COM UMA JOIA

O LÓTUS REPRESENTA A TRANSCENDÊNCIA, A CAPACIDADE DO EU DE SAIR DAS TREVAS (O LEITO DO RIO) PARA A LUZ (A SUPERFÍCIE DA ÁGUA). SEU CRESCIMENTO SIMBOLIZA O CAMINHO PERCORRIDO PELO BUDA EM SUA JORNADA RUMO À ILUMINAÇÃO.

1. Observe a joia no centro da flor de lótus. Ela representa seu potencial humano e o valor de suas profundezas ocultas. Ao reparar nos ângulos agudos da joia, sinta esse poder latente vibrar em seu íntimo, prestes a crescer e desabrochar como uma flor.
2. Agora fixe as camadas de formas em ponta de diamante que rodeiam o lótus. Imagine-as como passos na jornada de sua alma, que começa no lamaçal escuro das imperfeições humanas e, uma vez nutrida, avança aos poucos em direção à luz, enquanto sua beleza interior desabrocha.
3. Finalmente, volte de novo a atenção para dentro da figura e capte o desenho glorioso da flor de lótus. Sua beleza brota do âmago do eu e brilha com o fulgor de seu espírito. Essa é a inspiração de seu destino pessoal e o enfoque para seu desenvolvimento espiritual.

CORES SUGERIDAS

JOIA: **branco** (simbolizando a prata) para castidade, eloquência, potencial.
ESTAMES: **amarelo** para compaixão, enraizamento, terra.
PÉTALAS DE LÓTUS: **rosa** para beleza, perfeição, Buda.
CAMADAS DE FORMAS PENTAGONAIS: **verde** (sombras escuras e claras, se possível) para harmonia, crescimento, fertilidade.

"O ESPÍRITO DO MELHOR DOS HOMENS É IMACULADO COMO O LÓTUS NA ÁGUA LAMACENTA,
QUE NÃO O CONTAMINA."
LALITAVISTARA SUTRA

(SÉCULO III d.C.)

O PAVÃO VIGILANTE

NO OCIDENTE, O PAVÃO É ASSOCIADO À VAIDADE, MAS NO ORIENTE SIMBOLIZA A IMORTALIDADE, A PUREZA E – GRAÇAS AOS MOTIVOS EM FORMA DE OLHOS EM SUA CAUDA – À COMPAIXÃO, QUE A VIGILÂNCIA TORNA MAIS EFICAZ.

1. Observe o desenho inteiro da mandala, apreciando o esplendor intricado do pavão. Reflita, por um instante, sobre o modo de exibir essa beleza em sua própria vida, por meio de pensamentos e ações.
2. Agora se concentre no olho do pavão – o centro da mandala. Imagine-se penetrando na essência do pavão pela pupila desse olho, esquecendo-se de si mesmo. Para além da superfície da mandala você fará novamente contato com a verdadeira percepção. Seu ego terá sido deixado para trás.
3. Passe o olhar pela plumagem e fixe-o nos "olhos" gloriosos espalhados pela cauda. Admire as linhas delicadas das penas e capte seu traçado sutil. Essa atenção ao detalhe gera compaixão; mostrando-se atento, você aproveitará todas as ocasiões para amar sem egoísmo seus semelhantes.

CORES SUGERIDAS

OLHO DO PAVÃO: **verde** para harmonia, crescimento, fertilidade.
BASE DA CAUDA: **amarelo** para compaixão, enraizamento, terra (com borda verde).
PROJEÇÃO DA CAUDA: **verde** para harmonia, crescimento, fertilidade (com azul, púrpura e laranja para os "olhos").
CABEÇA e PÉS DO PAVÃO: **rosa** para beleza, perfeição, Buda.
PESCOÇO DO PAVÃO: **azul** para infinito, ascensão, cura.
PEITO DO PAVÃO: **púrpura** para espiritualidade, misticismo, criatividade.

"SER AMÁVEL É TER O CORAÇÃO LIVRE, CÁLIDO E LUMINOSO."
ITIVUTTAKA

(SÉCULO I a.C.)

OLHO CÓSMICO

ESSA MANDALA EXIBE AO MESMO TEMPO O COSMOS E A PUPILA DE UM OLHO HUMANO – UMA AMBIGUIDADE VISUAL QUE NOS LEMBRA AS PALAVRAS DE WU-MEN (NA CHINA DO SÉCULO XIII D.C.): "QUANDO VOCÊ VÊ ATRAVÉS DE UM INSTANTE DE ETERNIDADE, VÊ ATRAVÉS DAQUELE QUE VÊ".

1. Observe os círculos externos da mandala, que representam os elementos e toda a criação. Se você compreender que eles existem no interior do círculo da eternidade, dará o primeiro passo para dentro, em direção à verdade final.
2. Agora observe os círculos internos que se interconectam, refletindo as energias do cosmos em equilíbrio dinâmico umas com as outras. Isso é samsara, o mundo da mudança perpétua. Para fugir à infelicidade, devemos mergulhar cada vez mais fundo no âmago do silêncio.
3. Por fim, penetre na pupila do olho – que é também o centro imóvel da roda girante da vida. Aqui, esqueça o paradoxo de ver o olho que vê e descubra a imobilidade no âmago de todos os seres.

CORES SUGERIDAS

PUPILA DO OLHO: **preto** para infinito, mistério, potencial.

CÍRCULOS QUE SE INTERCONECTAM: **vermelho** para amor, empatia, intuição; **azul** para infinito, ascensão, cura; **branco** para conhecimento, pureza, longevidade; **amarelo** para compaixão, enraizamento, terra; **verde** para harmonia, crescimento, fertilidade.

CÍRCULOS EXTERNOS (de dentro para fora): **azul** para infinito, ascensão, cura; **vermelho** para amor, empatia, intuição; **amarelo** para compaixão, enraizamento, terra.

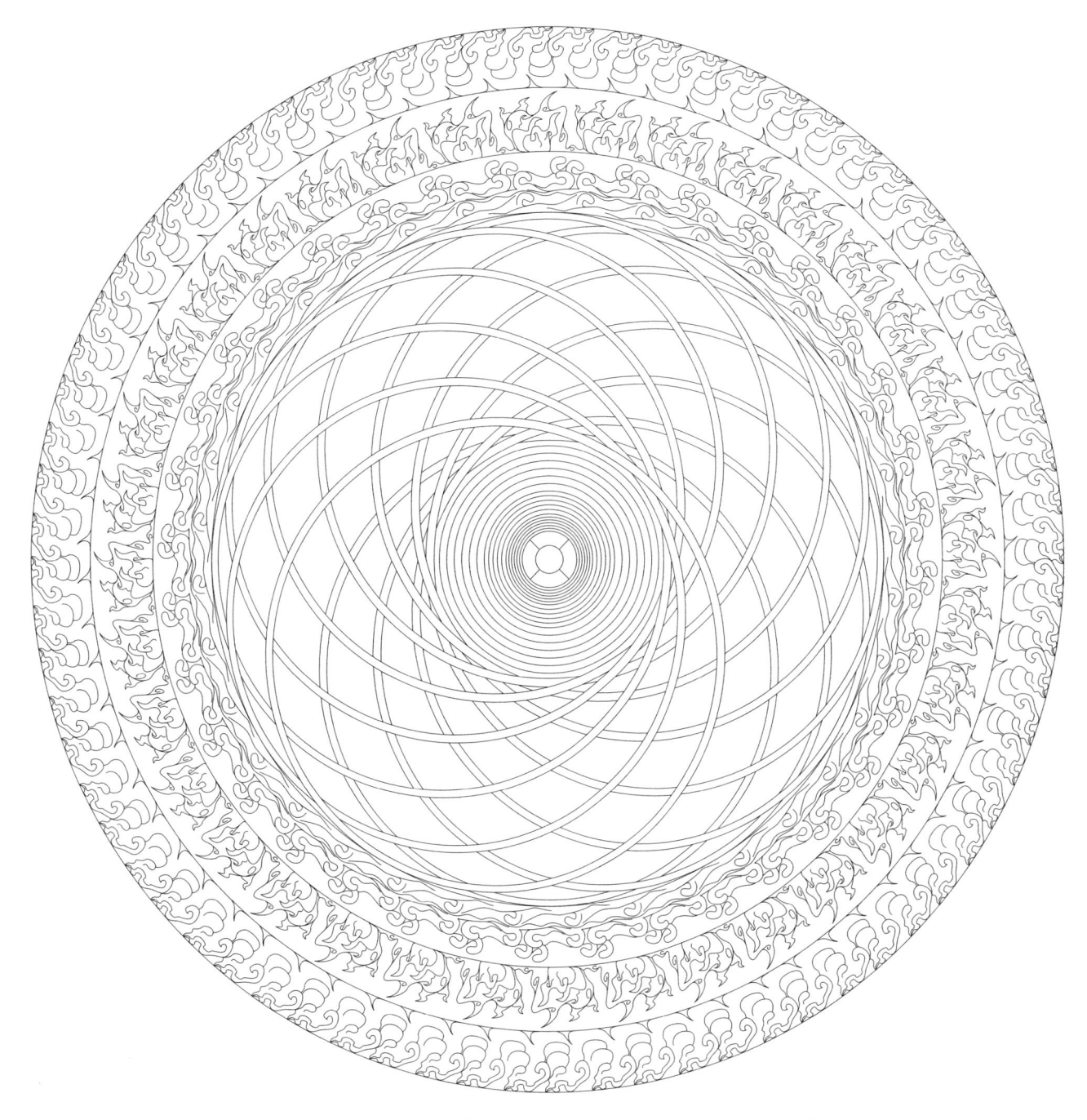

"O INFINITO ESTÁ NO FINITO DE CADA INSTANTE."
PROVÉRBIO ZEN

(SÉCULO XVIII d.C.)

RODA DO DHARMA

OS "GIROS DA RODA DO DHARMA" SÃO AS ETAPAS CADA VEZ MAIS COMPLEXAS DOS ENSINAMENTOS DO BUDA. MEDITE NESTA MANDALA PARA PENETRAR EM CAMADAS MAIS PROFUNDAS DE CONSCIÊNCIA.

1. Passe os olhos livremente pela mandala. O microcosmo de seu mundo interior está encerrado no círculo maior, enquanto fora está o macrocosmo, denotado pelas imagens da natureza. Medite, por um instante, sobre a união dessas duas esferas do ser. O dentro e o fora são partes da mesma unidade.
2. Concentre-se na roda do dharma, que pode aprofundar seu conhecimento do eu e conectá-lo às verdades finais. O cubo da roda simboliza a disciplina; os oito raios, o Caminho Óctuplo do Buda (ver p. 8); o aro, a perfeição espiritual.
3. Agora, volte a atenção para o cubo e gire mentalmente a roda com um esforço mental consciente. Girá-la pelo aro é fácil, mas essa roda deve ser girada pelo centro. Sinta sua vida se banhando em luz enquanto você move a roda do dharma e avança cada vez mais em seu caminho.

CORES SUGERIDAS

RODA e CERVO: **amarelo** para compaixão, enraizamento, terra.
NUVENS: **branco** para conhecimento, pureza, longevidade.
QUATRO FIGURAS EM FORMATO DE LÁGRIMA: **laranja** para sabedoria, força, espírito.
FLOR DE LÓTUS: **rosa** para beleza, perfeição, Buda.
RAMALHETES e FUNDO ATRÁS DA RODA: **azul** para infinito, ascensão, cura.

"O DHARMA É BOM, MAS O QUE O CONSTITUI? POUCO MAL, MUITO BEM, GENTILEZA, GENEROSIDADE, VERACIDADE E PUREZA."

ASHOKA, O GRANDE

(304–232 a.C.)

ÁRVORE DA ILUMINAÇÃO

QUANDO O BUDA ALCANÇOU A ILUMINAÇÃO SOB A ÁRVORE BODHI, DEIXOU DUAS PEGADAS QUE COMEMORAVAM ESSE MOMENTO. ÁRVORE E PEGADAS SÃO IMAGENS IMPORTANTES NO SIMBOLISMO BUDISTA.

1. Comece a meditação observando a árvore dupla que partilha suas raízes. Estas representam o eu nutrido pela terra, enquanto os dois troncos, que compartilham uma copa, representam a mente e o corpo. Considere as folhas seu potencial para o despertar espiritual.
2. Reflita profundamente sobre as implicações das raízes e da copa partilhadas. Seguindo as pegadas do Buda, qualquer um de nós pode alcançar a iluminação e penetrar no nirvana ao fim de nossa jornada individual. Volte em seguida o olhar para os pássaros, que sugerem a liberdade do coração e a capacidade de voar do espírito.
3. Finalmente, contemple a borda da mandala e siga as pegadas do Buda que formam um círculo. O caminho que elas percorrem talvez seja longo, mas a iluminação pode sobrevir de repente. Procure haurir forças e inspiração desses sinais deixados pelo grande mestre.

CORES SUGERIDAS

PÁSSAROS: um, **vermelho** para amor, empatia, intuição; o outro, **laranja** para sabedoria, força, espírito.
TRONCO e GALHOS: **marrom** para enraizamento, criação, tradição.
FOLHAS: **verde** para harmonia, crescimento, fertilidade.
TERRA e CÍRCULO DE PÉS: **amarelo** para compaixão, enraizamento, terra.

"APÓS A ILUMINAÇÃO, VEMOS TODAS AS COISAS COMO SOMBRAS MÁGICAS NUM PALCO
E TODOS OS OBJETOS SE TORNAM AMIGOS DEDICADOS."
MILAREPA
(c.1052–1136)

LÓTUS DO CORAÇÃO

O CORAÇÃO É O PONTO MEDIANO NO SISTEMA DE CHAKRAS (CENTROS DE ENERGIA) DE NOSSO CORPO. É A FONTE DA QUAL EMANAM O AMOR E A COMPAIXÃO. O LÓTUS SUGERE ESPIRITUALIDADE, QUE TODOS PODEMOS ENCONTRAR EM NOSSO CORAÇÃO.

1. Observe o círculo que rodeia a mandala – um símbolo de perfeição espiritual. Este é o verdadeiro estado do ser, acessível a todos que consigam abrir o coração.
2. Em seguida, contemple as folhas e pétalas do lótus, que completam esse simbolismo. O lótus pode florescer dentro de nós, permitindo que transcendamos o sofrimento. Quando florescemos espiritualmente, nosso coração projeta amor e compaixão – suavemente como as pétalas do lótus e energicamente como a própria força vital.
3. Por fim, fixe o olhar no hexagrama do centro, com seus triângulos que se entrecruzam e representam as dualidades da existência. Se quisermos abrir o coração em toda a sua pureza, deveremos equilibrar os aspectos complementares da vida – macho e fêmea, luz e sombra, mente e corpo, praticidade e espiritualidade.
4. Descontraia o olhar e deixe que a mandala fique ligeiramente fora de foco. Faça com que ela permaneça sem esforço em sua mente, flutuando na quietude interior e projetando uma serenidade profunda com o amor em seu seio.

CORES SUGERIDAS

HEXAGRAMA CENTRAL: **amarelo** para compaixão, enraizamento, terra.
PÉTALAS DE LÓTUS e CÍRCULOS EXTERNOS CONCÊNTRICOS: **rosa** para beleza, perfeição, Buda.
CHAKRA DO CORAÇÃO e FUNDO DAS PÉTALAS DE LÓTUS: **vermelho** para amor, empatia, intuição.
FOLHAS: **verde** para harmonia, crescimento, fertilidade.

"DIZ-SE QUE O CORAÇÃO É O LUGAR DE REPOUSO NA LUZ PURA E NA PURA CONSCIÊNCIA."
ABHINAVAGUPTA

(c. 950–1020 d.C.)

SRI YANTRA

ESTA É UMA VERSÃO SIMPLIFICADA DO SAGRADO SRI YANTRA HINDU. SEU PADRÃO DE TRIÂNGULOS INTERLIGADOS POSSUI UMA ATRAENTE BELEZA MÍSTICA QUE REPRESENTA A CRIATIVIDADE INFINITA DO UNIVERSO.

1. Enfoque o centro da mandala e seus conjuntos de triângulos fronteiros – que representam os princípios masculino e feminino responsáveis, quando se fundem, pela criação.
2. Agora se concentre na geometria que cerca a imagem. Observe a cruz de braços iguais, cujos elementos representam o cosmos criado, e o círculo, que denota perfeição espiritual. Contemple também as folhas de lótus – quatro nos cantos do quadrado – e a longa sucessão delas em volta da moldura circular. Elas são uma promessa de crescimento espiritual, de obtenção da verdadeira consciência.
3. Contemple o centro do Sri Yantra, onde o bindu (ponto focal) costuma ser encontrado. Ele é a fonte de toda a criação. Quando absorver esse yantra, sua mente captará o desdobramento do cosmos e a união da criação inteira – passado, presente e futuro.

CORES SUGERIDAS

TRIÂNGULOS COM OS VÉRTICES PARA CIMA: **azul** para feminino, infinito, ascensão, cura.
TRIÂNGULOS COM OS VÉRTICES PARA BAIXO: **amarelo** para masculino, enraizamento, terra.
CÍRCULO INTERNO: **amarelo** (simbolizando o ouro) para santidade, sol, iluminação.
ANEL DE PÉTALAS DE LÓTUS e ÂNGULOS EXTERNOS DO QUADRADO: **vermelho** para amor, empatia, intuição.
QUADRADO APONTANDO PARA AS QUATRO DIREÇÕES: **azul** para infinito, ascensão, cura.
FUNDO: **púrpura** para espiritualidade, misticismo, criatividade.

"ESSE SOL DIVINO É O OBJETO DE NOSSA MEDITAÇÃO. POSSA A LUZ VERDADEIRA DOS ILUMINADOS ESCLARECER NOSSA MENTE."

O MANTRA GAYATRI (HINO VÉDICO)

(c. 5000 a.C.)

BONDADE

ESTA MANDALA DE INSPIRAÇÃO TIBETANA NOS PERMITE INFUNDIR,
NA MENTE, SENTIMENTOS POSITIVOS PARA COM OS SEMELHANTES –
NÃO APENAS PARENTES E AMIGOS,
MAS TAMBÉM CONHECIDOS E MESMO ESTRANHOS.

1. Imagine uma pessoa querida sentada no centro da mandala, no mesmo lugar da figura. Reflita sobre as qualidades que mais admira nessa pessoa. Visualize-a banhada em seu amor.
2. Examine os quatro símbolos dentro das formas em "T": pombo (paz), mãos (calor), fogo (pureza) e olho (empatia). Identifique todos esses ingredientes com a natureza de seu amor.
3. Visualize parentes e amigos nos nichos internos da mandala. Para além do quadrado central estão simples conhecidos e, para além do círculo externo, vários estranhos.
4. Passe os olhos à volta da figura central e encaminhe-os para fora enquanto sente o amor brotando de você e energizando a todos. Os estranhos recebem o mesmo tipo de amor que seus entes queridos – um amor não diminuído pela distância.

CORES SUGERIDAS

ROUPAS DA FIGURA CENTRAL, PÉTALAS INTERIORES (contendo figuras) e
CÍRCULOS MAIORES: **vermelho** *para amor, empatia, intuição.*
QUADRADO APONTANDO PARA AS QUATRO DIREÇÕES e PADRÃO EM ESPIRAL: **azul** *para infinito, ascensão, cura.*
CÍRCULOS EXTERNOS FLUTUANTES: **púrpura** *para espiritualidade, misticismo, criatividade.*
POMBO (no lado superior do quadrado): **branco** *para conhecimento, pureza, longevidade.*
MÃOS (no lado direito do quadrado): **amarelo** *para compaixão, enraizamento, terra.*
OLHO (no lado esquerdo do quadrado): **verde** *para harmonia, crescimento, fertilidade.*
FOGO (no lado inferior do quadrado): **laranja** *para sabedoria, força, espírito.*

"CRESCEREMOS E CONQUISTAREMOS A LIBERDADE DA MENTE COM A FORÇA DA BONDADE. FAÇAMOS DELA O NOSSO VEÍCULO. FAÇAMOS DELA O NOSSO ALICERCE, ESTABILIZANDO-A, ENTREGANDO-NOS TOTALMENTE A ELA E APERFEIÇOANDO-A."

SAMYUTTA NIKAYA

(SÉCULO I a.C.)

AVALOKITESHVARA

ESSE É O NOME QUE SE DÁ, NO BUDISMO TÂNTRICO, AO BODHISATTVA (SER ILUMINADO) DA COMPAIXÃO. ELE IRRADIA O AMOR DO AUTOSSACRIFÍCIO: NEGA A SI MESMO A ENTRADA NO NIRVANA ATÉ QUE TODOS OS DEMAIS TENHAM ENTRADO.

1. Qualquer imagem de Avalokiteshvara atrai nossa atenção e provoca admiração ilimitada. Sinta a energia que emana de sua bondade. É isso que nos permite aceitar uma imagem unidimensional como uma presença de profunda benevolência.
2. O bodhisattva está sentado de pernas cruzadas sobre uma flor de lótus. Observe a perfeição de que ele se rodeou.
3. Duas mãos de Avalokiteshvara expressam devoção, enquanto as duas outras seguram um rosário e uma flor de lótus. O rosário lhe permite contar as repetições de seu mantra, "Om Mani Padme Hum", que liberta todos os seres do sofrimento. Ele não tem peso, como uma imagem no espelho. Ele transcende todos os conceitos – inclusive a ideia de que existe apenas em outra dimensão. Medite e o encontrará dentro de você mesmo.

CORES SUGERIDAS

ROUPAS, BRINCOS e COROA DO BODHISATTVA: **laranja** para sabedoria, força, espírito.
AURA DO BODHISATTVA: **verde** para harmonia, crescimento, fertilidade; borda **laranja** para sabedoria, força, espírito.
PELE DO BODHISATTVA e CAMADAS DE NUVENS: **branco** para conhecimento, pureza, longevidade.
FORMA OVAL EM TORNO DO BODHISATTVA: **vermelho** para amor, empatia, intuição.
FLORES e PÉTALAS DE LÓTUS: **rosa** para beleza, perfeição, Buda.
ÁGUA: **azul** para infinito, ascensão, cura; se possível, use **azul-claro** para o céu.

"NENHUM GESTO DE GENTILEZA, POR MENOR QUE SEJA, É PERDIDO."
ESOPO
(620–560 a.C.)

FOGO EM REDOR DO LÓTUS

AQUI, O LÓTUS PROFUNDAMENTE ESPIRITUALIZADO ESTÁ RODEADO POR UM ANEL DE FOGO, SUGERINDO PURIFICAÇÃO. ESSA MANDALA MOSTRA TAMBÉM UM PALÁCIO DE QUATRO PORTAS, DENOTANDO ABRIGO E SEGURANÇA, ORDEM UNIVERSAL E EQUILÍBRIO DE OPOSTOS.

1. Comece contemplando o anel externo de fogo – um símbolo complexo com matizes de purificação por meio da destruição, a luz da sabedoria e a regeneração. Não tema incinerar seus apegos.
2. Agora observe o lótus, que floresce no interior de sua mente quando sua visão espiritual se concentra. Com suas raízes no pântano, o lótus cresce e floresce aspirando à iluminação celeste. Sinta, dentro de você mesmo, essa aventura de realização e extraia forças dela.
3. Por fim, concentre-se no palácio de quatro portas bem no centro da mandala. Aguçando a percepção, você encontrará o vazio do palácio imensuravelmente rico e estimulante. Você não precisa do material, do tangível. Está em paz consigo mesmo e o cosmos.

CORES SUGERIDAS

QUATRO PORTAS CENTRAIS: **púrpura** para espiritualidade, misticismo, criatividade contra um fundo **branco** para conhecimento, pureza, longevidade.
CÍRCULO CENTRAL e FOLHAS: **verde** para harmonia, crescimento, fertilidade.
PÉTALAS DE LÓTUS: **azul** para infinito, ascensão, cura.
ANEL EXTERNO DE FOGO: **vermelho** para amor, empatia, intuição; **laranja** para sabedoria, força, espírito.

"AS PALAVRAS SÃO APENAS O FOGO PINTADO; UM OLHAR É O PRÓPRIO FOGO."
MARK TWAIN
(1835–1910)

PALÁCIO DOS DEUSES

AS MANDALAS TRADICIONAIS ERAM VISTAS MUITAS VEZES COMO DIAGRAMAS DO PALÁCIO DOS DEUSES. ESTA VERSÃO MODERNA MOSTRA UMA PLANTA DO PALÁCIO E VISTAS LATERAIS DE OITO PAVILHÕES.
O PALÁCIO É TANTO O COSMOS QUANTO O EU.

1. Mentalmente, entre nos jardins do palácio sagrado, definido pelo círculo externo da mandala. Aqui, você está fora do tempo e do espaço. O círculo maior e os menores dentro dele geram uma atmosfera espiritual.
2. Pense nos quatro pavilhões na parede externa do palácio como o domínio da Terra, do Ar, do Fogo e da Água. Os quatro elementos estão na mandala, no cosmos e em seu próprio eu. O quinto elemento, Éter ou Espírito, possui sua própria área cercada. Agora, entre no quadrado interno. Uma vez ali, você conseguirá transcender as barreiras terrenas (as paredes quadradas concêntricas) e banhar-se na fonte sagrada.
3. A fonte, força vital que sustenta seu ser, flui perenemente dentro de você. Ela é abençoada pelo divino e traz paz infinita a seu espírito.

CORES SUGERIDAS

FONTE e QUATRO RODAS: **amarelo** (simbolizando o ouro) para santidade, sol, iluminação.
ÁGUA: **azul** para infinito, ascensão, cura.
QUATRO PAVILHÕES INTERNOS e PAREDES: **amarelo** (simbolizando o ouro) para santidade, sol, iluminação.
QUATRO PAVILHÕES EXTERNOS: um **marrom** para Terra; outro **branco** para Ar; um **vermelho** para Fogo; outro **azul** para Água.
FUNDO COM PADRÃO DE FLORES: escolha a cor que achar conveniente. Sugestões: **vermelho** para força vital, amor, empatia, intuição; **laranja** para sabedoria, força, espírito; **verde** para equilíbrio, harmonia, crescimento, fertilidade; **branco** para conhecimento, pureza, longevidade.

"DEUS É A CONSCIÊNCIA QUE PERMEIA O UNIVERSO INTEIRO DOS VIVOS E NÃO VIVOS."
SRI RAMAKRISHNA
(1836–1886)

TEMPO E UNIVERSO

PENSAR SOBRE A NATUREZA DO TEMPO PODE GERAR CONFUSÃO E MESMO DESESPERO. ESQUECER O RELÓGIO E VER O TEMPO COMO O FLUXO ETERNO DO UNIVERSO PODE SER UMA MEDITAÇÃO VISUAL TRANQUILIZADORA E VIVIFICANTE.

1. Identifique os elementos da mandala: o tempo como fluxo, o rio imutável que, no entanto, muda perpetuamente; as estações; os movimentos das estrelas; terra, sol e lua; os quatro símbolos da borboleta (cuja vida é mais breve que a nossa); a árvore (cuja vida é mais longa que a nossa); a espiral (tempo infinito) e a fita ou banda de Möbius (espaço infinito).
2. Sempre mantendo a mandala em seu campo de visão, imagine todos os significados separados desses diferentes aspectos do tempo se dissolvendo no grande rio, o fluxo do cosmos.
3. Sinta-se penetrando no grande rio do tempo, confundindo-se com seu fluxo: o rio está dentro de você e você está dentro do rio. A mandala é uma gota de água, uma entre um número infinito de gotas. Relaxe sentindo a imensidade do tempo e do espaço.

CORES SUGERIDAS

ÁGUA: **azul** para infinito, ascensão, cura; com espuma **branca** para conhecimento, pureza, longevidade.
PÉTALAS (contendo símbolos): **vermelho** para amor, empatia, intuição.
FLOR DE CIMA: **verde** para harmonia, crescimento, fertilidade.
FLOR DE BAIXO: **marrom** para enraizamento, criação, tradição.
ESTRELAS: **amarelo** para santidade, mistério, iluminação.
SOL: **laranja** para sabedoria, força, espírito.

"CADA INSTANTE DO TEMPO É UM FRAGMENTO DA ETERNIDADE."
MARCO AURÉLIO
(121–180 d.C.)

TRANSFORMAÇÕES

ESTA MANDALA UTILIZA IMAGENS TIRADAS INTEIRAMENTE DA NATUREZA. BORBOLETAS DENOTAM TRANSFORMAÇÃO – A PASSAGEM DO DOMÍNIO DO EGO PARA A AUTOCONSCIÊNCIA AMADURECIDA. O AMOR NOS PERMITE DIRIGIR NOSSAS ENERGIAS TANTO PARA DENTRO (PARA A VERDADE) QUANTO PARA FORA (PARA A COMPAIXÃO).

1. Examine as borboletas na imagem e escolha uma ao acaso. Mentalmente, retrace seu ciclo de vida ao longo das diferentes fases: da borboleta para a crisálida, da crisálida para a lagarta, da lagarta para o ovo. Pense no tempo como um círculo dentro da eternidade ilimitada: você pode viajar para trás ou para a frente à vontade, para o passado ou para o futuro.
2. Em seguida, fixe-se na lagarta no centro da mandala. Reflita sobre o potencial de mudanças radicais inerente a essa criatura. O destino da lagarta está dentro dela mesma, como uma mola de tempo esperando para ser afrouxada.
3. Volte a atenção para as quatro borboletas que saem de suas crisálidas – a mudança está ocorrendo, a promessa vai ser cumprida.
4. Agora reflita sobre o potencial de transformação da parte de você que absorve a imagem da mandala. Sinta sua capacidade para dar e receber amor em abundância; saboreie as bênçãos que essa compaixão lhe trará.
5. Suavize o olhar e mentalize a mandala como um todo – uma promessa de sua infinita capacidade para a realização.

CORES SUGERIDAS

LAGARTA: **marrom** para praticidade, criação, tradição.
CÍRCULO INTERNO DE FOLHAS: **azul** para infinito, ascensão, cura.
BORBOLETAS: multicoloridas; cores de acordo com sua intuição. Com **vermelho** para amor, empatia, intuição; **amarelo** para compaixão, enraizamento, terra.
CÍRCULO EXTERNO DE FOLHAS: **verde** para equilíbrio, harmonia, crescimento, fertilidade.

"TODAS AS COISAS SÃO COMPLETAS EM SI MESMAS."
MÊNCIO
(c. 372–289 a.C.)

GROUS ENTRE NUVENS

NA TRADIÇÃO JAPONESA, OS GROUS SÃO SÍMBOLOS DE BOA SORTE. AS NUVENS NOS LEMBRAM OS ACONTECIMENTOS FORTUITOS QUE, TEMPORARIAMENTE, LANÇAM SOMBRAS EM NOSSA VIDA. ESTA MEDITAÇÃO COMBINA AS DUAS SIMBOLOGIAS EVOCATIVAS.

1. Identifique os elementos principais da mandala – os grous, o céu azul, as nuvens que às vezes escondem os grous voadores de nossa vista. Nos cantos da mandala está o oceano, sobre o qual os grous empreendem seu voo de migração.
2. Volte o olhar para as nuvens que formam um padrão circular contra o céu. Imagine-as flutuando por sua consciência. Visualize o bando solto de grous entrando e saindo aleatoriamente das nuvens. Cada grou que aparece traz bênção para sua vida. Alguns deles voam reto através das nuvens – como o desfecho feliz de uma situação arriscada. Dê graças por essa boa sorte.
3. Suavize o olhar e deixe que a mandala inteira repouse sem esforço em sua mente, trazendo-lhe paz e realização com suas energias.

CORES SUGERIDAS

GROUS: **branco** para conhecimento, pureza, longevidade; com **amarelo** para as asas externas, **preto** para a cauda e o pescoço, **vermelho** para o peito.
CAMADAS DE NUVENS: **branco** para conhecimento, pureza, longevidade.
CÍRCULOS INTERNO e EXTERNO: colora os segmentos alternadamente: **verde** para harmonia, crescimento, fertilidade; **laranja** para sabedoria, força, espírito.
CÉU: **azul** para infinito, ascensão, cura.
OCEANO: **azul** com borda verde.

"A FORTUNA NOS CHAMARÁ JUNTO AO PORTÃO DO RISO."
PROVÉRBIO TRADICIONAL JAPONÊS

JOIAS

AS JOIAS ERAM OBJETOS QUE DEIXAVAM OS ANTIGOS MARAVILHADOS – FORÇAS DIVINAS CONJURANDO A LUZ A PARTIR DA TERRA ESCURA. NO PENSAMENTO ORIENTAL, AS JOIAS SIGNIFICAVAM ILUMINAÇÃO ESPIRITUAL. ESTA MANDALA FEITA DE JOIAS CONTÉM AINDA UM SÍMBOLO YIN YANG (T'AI CHI) CENTRAL E QUATRO SUBSIDIÁRIOS.

1. Observe as diferentes joias e suas cores. Há diamantes, que denotam esplendor e integridade; rubis, que denotam amor e coragem; pérolas, que denotam intuição e sabedoria feminina; safiras, que denotam paz e harmonia; esmeraldas, que denotam ascensão e cura.
2. Considere o padrão de joias em seus delicados engastes como símbolos da ordem esplendorosa e intricada do universo, iluminado pela luz magnífica do espírito.
3. Pouse o olhar no símbolo yin yang – o jogo criativo de opostos no âmago de nossa existência. O espírito adorna e transcende o corpo, assim como as joias transcendem e adornam o homem e a mulher, a luz e as trevas, a ação e o sentimento.

CORES SUGERIDAS

SÍMBOLOS YIN YANG: **azul** para masculino, infinito, ascensão, cura; **branco** para feminino, conhecimento, pureza, longevidade.

RAIOS e QUADRO DECORATIVO: **amarelo** (simbolizando o ouro) para santidade, sol, iluminação.

JOIAS: **branco** para pérolas; **verde** para esmeraldas; **vermelho** para rubis; **azul** para safiras; **rosa** para diamantes.

"CONTENTAR-SE COM O SUFICIENTE É RIQUEZA."
TAO-TE KING

(SÉCULO VI a.C.)

O LÓTUS E O PINHEIRO

EIS OUTRA MANDALA BASEADA NO SIMBOLISMO ORIENTAL. O LÓTUS SUGERE ILUMINAÇÃO; O VELHO PINHEIRO, LONGEVIDADE OU IDADE AVANÇADA. A ILUMINAÇÃO PODE SOBREVIR A QUALQUER INSTANTE; E, QUANDO ISSO ACONTECE, NÓS ACEITAMOS – OU MELHOR, ACOLHEMOS – ALEGREMENTE A INEVITABILIDADE DO DECLÍNIO FÍSICO EM NOSSA CONDIÇÃO ILUMINADA.

1. Primeiro, observe os pinheiros retorcidos em volta da moldura da mandala e veja-os como um grupo de nossos contemporâneos em idade avançada – todos experientes e belos na velhice.
2. Imagine-se indo do maciço de pinheiros para o lago no centro da floresta. É ali que o lótus da iluminação desabrocha com suas raízes no pântano – talvez o pântano seja a realidade da transitoriedade, o fato de que todos os seres vivos têm seu tempo.
3. Observe a bela flor do lótus e perceba a iluminação desabrochando em sua mente, do mesmo modo que as pétalas do lótus se abriram em sua morada úmida. Sinta o desabrochar das pétalas dentro de sua consciência enquanto permanece sentado com o olhar fixo no lótus.

CORES SUGERIDAS

FLOR DE LÓTUS: **rosa** para beleza, perfeição, Buda; com um centro **amarelo** para compaixão, enraizamento, terra.
PINHEIROS: **preto** para sabedoria, antiguidade, verdade.
ANÉIS INTERNOS PADRONIZADOS: **púrpura** para espiritualidade, misticismo, criatividade; com matizes de **rosa**.
PÁSSAROS: **laranja** para sabedoria, força, espírito.
FUNDO: **azul** para infinito, ascensão, cura.

"NÃO PROCURE SEGUIR AS PEGADAS DOS ANTIGOS; PROCURE O QUE ELES PROCURARAM."
BASHO

(1644–1694)

LUZ DO DIAMANTE

AS PEDRAS PRECIOSAS CONFEREM OS DONS DA VIDA E DA CONSCIÊNCIA – LUZ QUE EMERGE MIRACULOSAMENTE DAS TREVAS DA TERRA. OS ALQUIMISTAS INDIANOS VIAM NO DIAMANTE O OBJETIVO FINAL DE SUAS PRÁTICAS: A IMORTALIDADE. OS BUDISTAS TÂNTRICOS CONSIDERAVAM A DUREZA DO DIAMANTE ANÁLOGA À FORÇA ESPIRITUAL.

1. Comece examinando o esquema geométrico desta mandala – o círculo simboliza a eternidade; os quadrados entrelaçados, o mundo da criação. As oito pontas dos dois quadrados tocam o círculo – quando a eternidade é percebida de dentro da prisão do tempo, as paredes da prisão se dissolvem.
2. Agora, volte o olhar para a moldura decorativa dentro da qual está o diamante central. A compreensão espiritual requer um quadro gracioso de pensamentos bons e amáveis, bem como de ações desinteressadas.
3. Insufle o brilho radioso do diamante nas profundezas de sua mente e deixe-o ali como um reflexo do desabrochar de seu eu, do florescimento do ser para além do devir. Sinta sua força espiritual – a iminência da iluminação.

CORES SUGERIDAS

CÍRCULO GRANDE e QUADRADOS SOBREPOSTOS: **amarelo** para compaixão, enraizamento, terra.
DIAMANTE CENTRAL e PEDRAS PRECIOSAS NO CÍRCULO GRANDE: **rosa** para beleza, perfeição, Buda.
DIAMANTES PEQUENOS NOS PADRÕES QUADRADOS: **branco** para conhecimento, pureza, longevidade.
PADRÃO CIRCULAR EM TORNO DO DIAMANTE: **azul** para infinito, ascensão, cura; **branco** para conhecimento, pureza, longevidade.
PADRÕES RADIAIS: faça uma alternância de cores segundo sua intuição.

"O MUNDO CRIADO É APENAS UM CURTO PARÊNTESE NA ETERNIDADE."
THOMAS BROWNE
(1605-1682)

FLUINDO COM A CORRENTE

O TAO-TE KING ENFATIZA BASTANTE O FLUXO INEVITÁVEL DA NATUREZA – O PRÓPRIO TAO EM QUE TODOS DEVEMOS MERGULHAR. ISSO PRESSUPÕE RENUNCIAR A TODA RESISTÊNCIA INÚTIL À MUDANÇA E PERMITIR QUE A NATUREZA SIGA SEU CURSO. TEMOS AQUI UMA MEDITAÇÃO SOBRE ESSA IDEIA TAOISTA.

1. Observe essa imagem de regatos serpenteando entre rochas como se você estivesse contemplando a cena do alto de uma montanha. Veja a água contornando grandes obstáculos e avançando em várias direções, mas correndo inexoravelmente para o mar.

2. Procure descobrir qual elemento – Água ou Rocha – exprime melhor a verdade essencial da vida humana. Se nos petrificarmos, tornando-nos um rochedo, resistiremos por muito tempo, mas sem vida; se nos dissolvermos na água, fluiremos e mudaremos perpetuamente até, um belo dia, alcançarmos a fonte.

3. Trace o caminho dos quatro regatos para fora, através da paisagem rochosa. Quando a água se choca violentamente contra uma rocha, há turbulência; quando a água evita enfrentá-la e desliza para o lado, há movimento – que é a quintessência da vida.

CORES SUGERIDAS

ROCHAS: **marrom** para segurança, confiabilidade, rigidez.
ÁGUA: **azul** para destino, mudança, vitalidade; com borda branca.
PEIXES: **laranja** para sabedoria, força, espírito.
CÍRCULO EXTERNO: **púrpura** para espiritualidade, misticismo, criatividade.
Acrescente outras cores de acordo com sua intuição.

"SE UM CAMINHO FOR MELHOR QUE OUTRO, TENHA A CERTEZA DE QUE ESSE É O CAMINHO DA NATUREZA."
ARISTÓTELES
(384–322 a.C.)

SENHORA DA COMPAIXÃO

A COMPAIXÃO É A RAIZ DA CURA ESPIRITUAL. AQUI, ESTÁ PERSONIFICADA COMO A DEUSA DA COMPAIXÃO, QUE ADIOU SUA PRÓPRIA SALVAÇÃO ATÉ RESGATAR TODAS AS ALMAS DA TERRA. APARECE EM POSTURA DE MEDITAÇÃO, PROJETANDO EFLÚVIOS DE BONDADE DE SEU CORAÇÃO REPLETO DE AMOR.

1. Observe a Deusa da Compaixão no centro da mandala. Abra seu coração para o amor incondicional e a receptividade dessa deusa. A compaixão infinita que emana dela, esteja certo, alcança-o e, por sua vez, lhe permite ser compassivo.
2. Agora fixe o olhar no anel de pétalas delicadas, em forma de coração. Sinta a compaixão brotando dentro de você, com um brilho cálido.
3. Desvie o olhar para os pequenos círculos e imagine que cada um deles contenha uma divindade minúscula. A forma pequenina da Deusa da Compaixão pode se aninhar em cada coração humano, inclusive o seu. Imagine-a em cada átomo de sua respiração.
4. Passeie o olhar pela borda da mandala, onde belas flores desabrocham quando as sementes da compaixão caem em solo fértil.

CORES SUGERIDAS

ROUPAS DA DEUSA DA COMPAIXÃO: **verde** para equilíbrio, harmonia, crescimento, fertilidade.
FLORES DENTRO DO CÍRCULO CENTRAL: **branco** para conhecimento, pureza, longevidade; contra um fundo verde.
PÉTALAS GRANDES DENTRO DO ANEL MEDIANO: **rosa** para beleza, perfeição, Buda; contra um fundo branco.
ANEL EXTERNO: **azul** para infinito, ascensão, cura; **verde** para equilíbrio, harmonia, crescimento, fertilidade.
Para outras áreas use verde, rosa e azul de acordo com sua intuição.

"SE AS PESSOAS SOUBESSEM O QUE SEI SOBRE OS RESULTADOS DE DAR E PARTILHAR,
JAMAIS DEIXARIAM DE DIVIDIR UMA ÚNICA REFEIÇÃO COM ALGUÉM."

ITIVUTTAKA

(SÉCULO I A.C.)

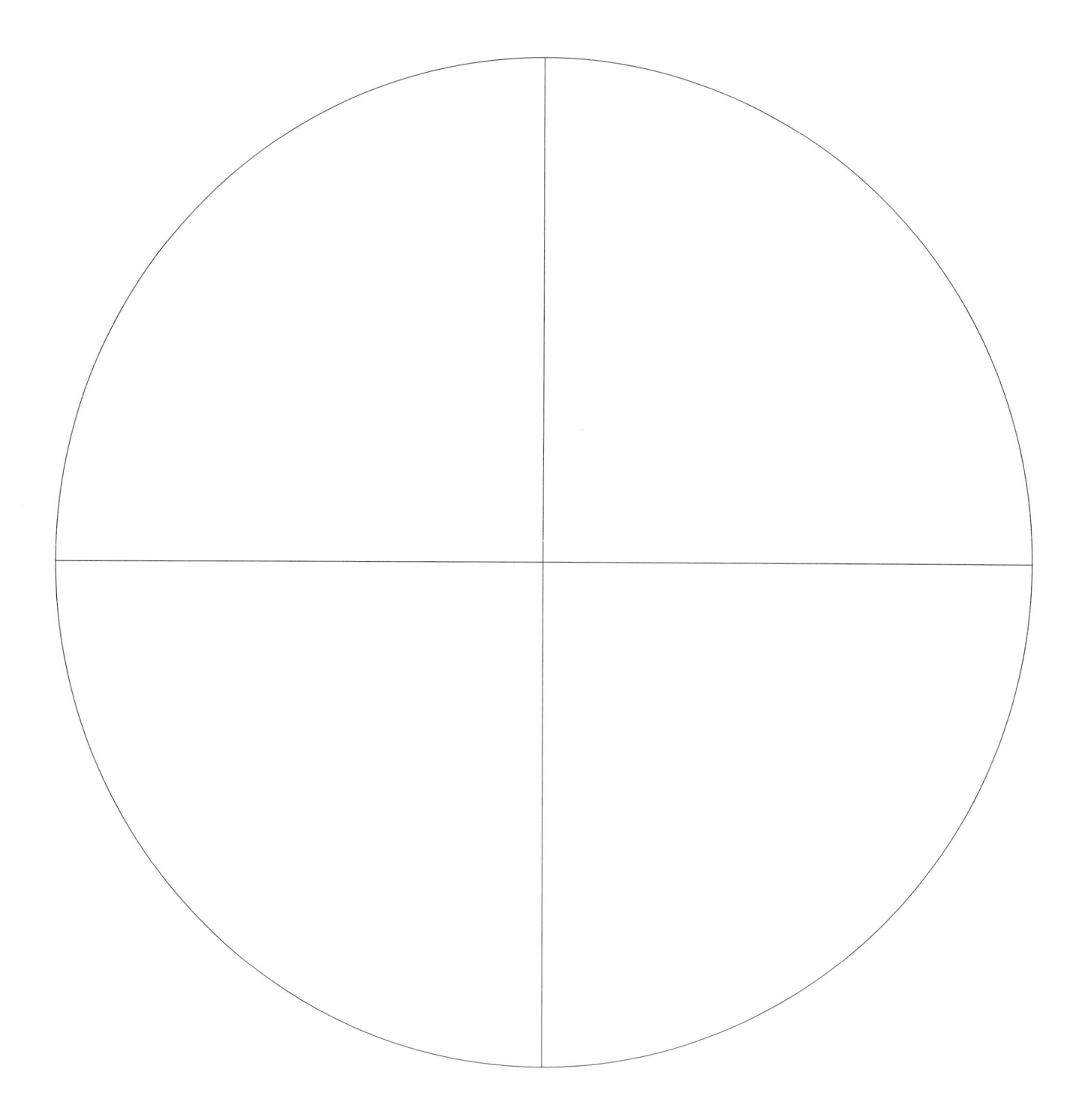

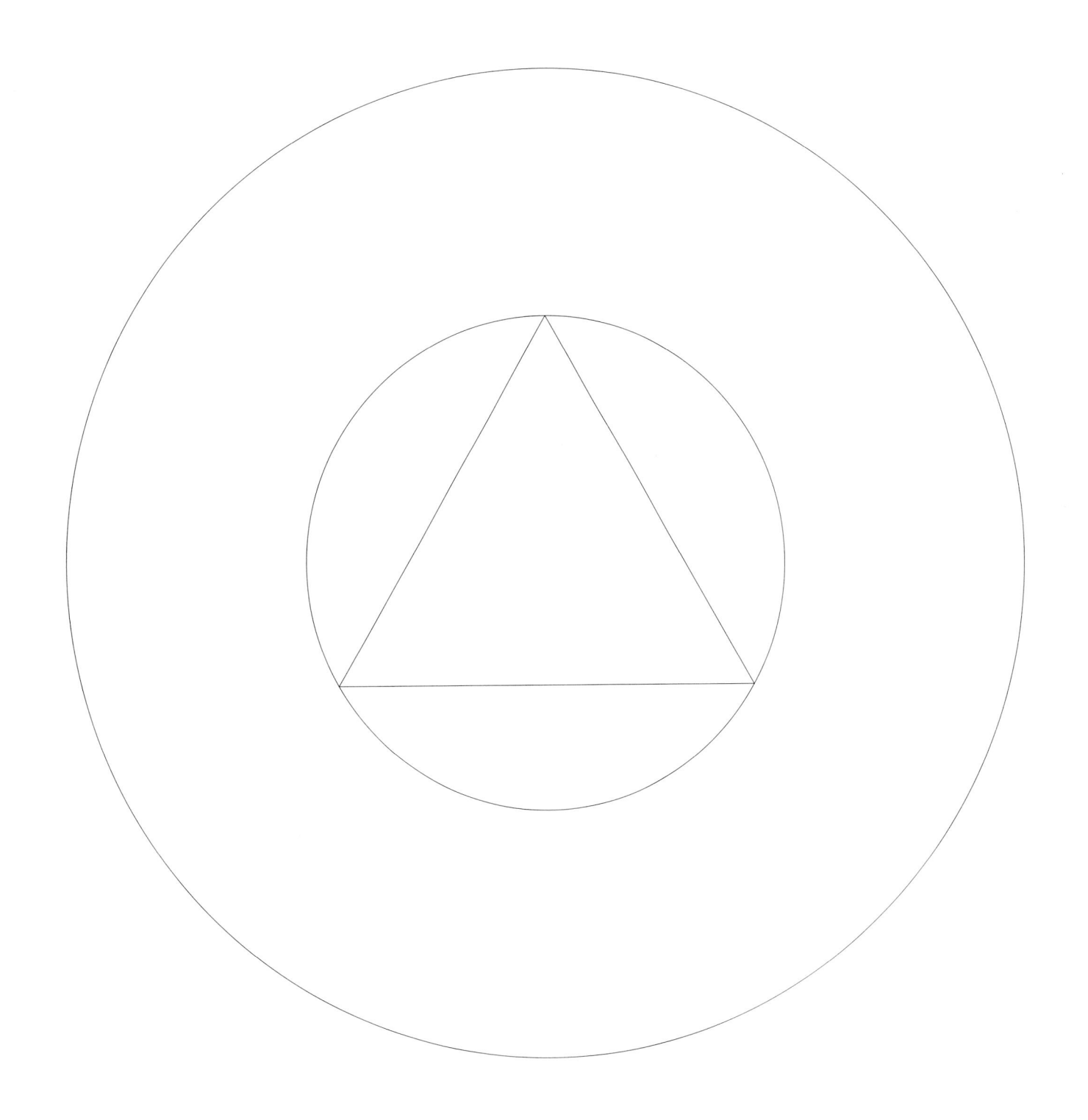

60

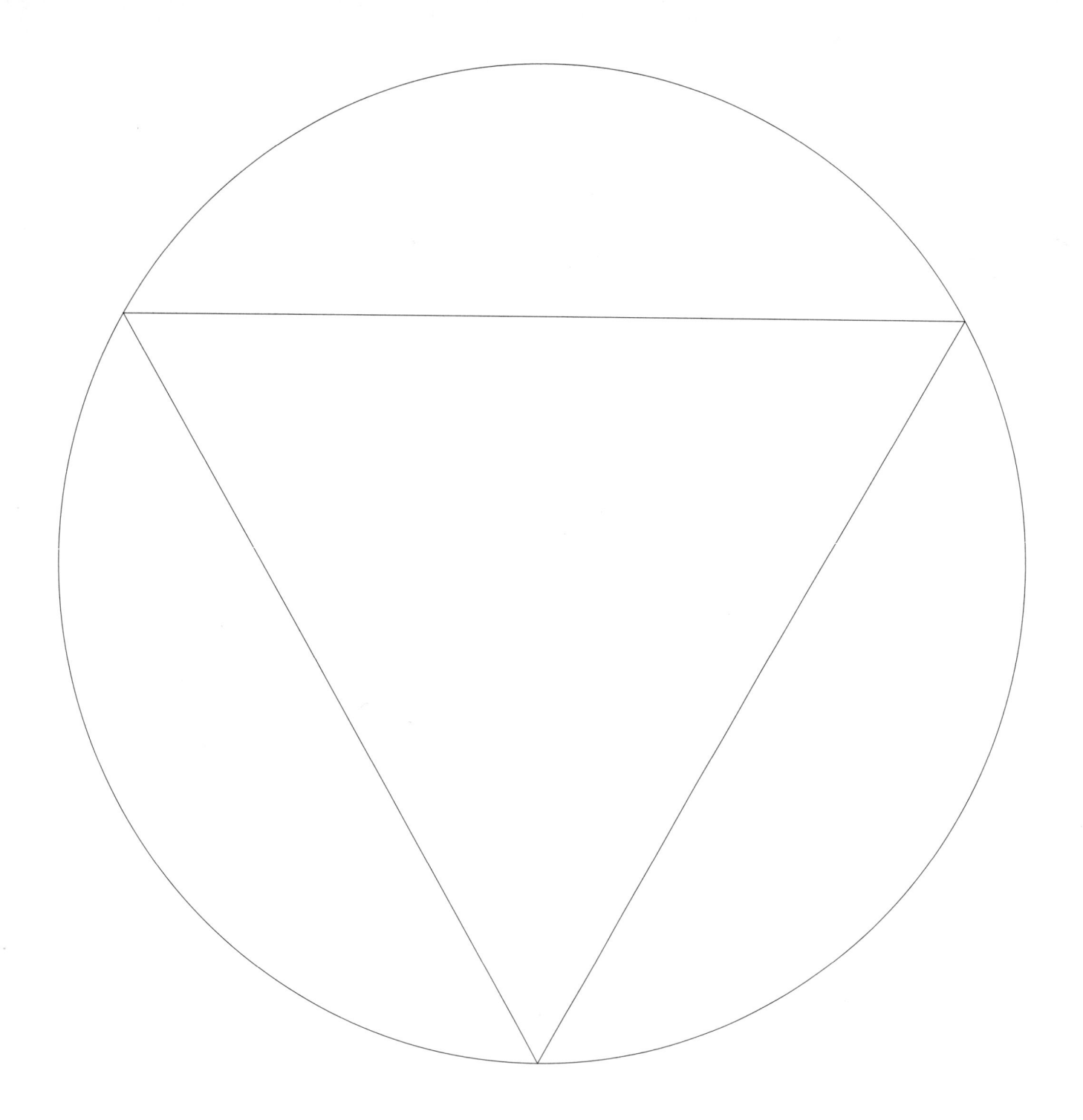

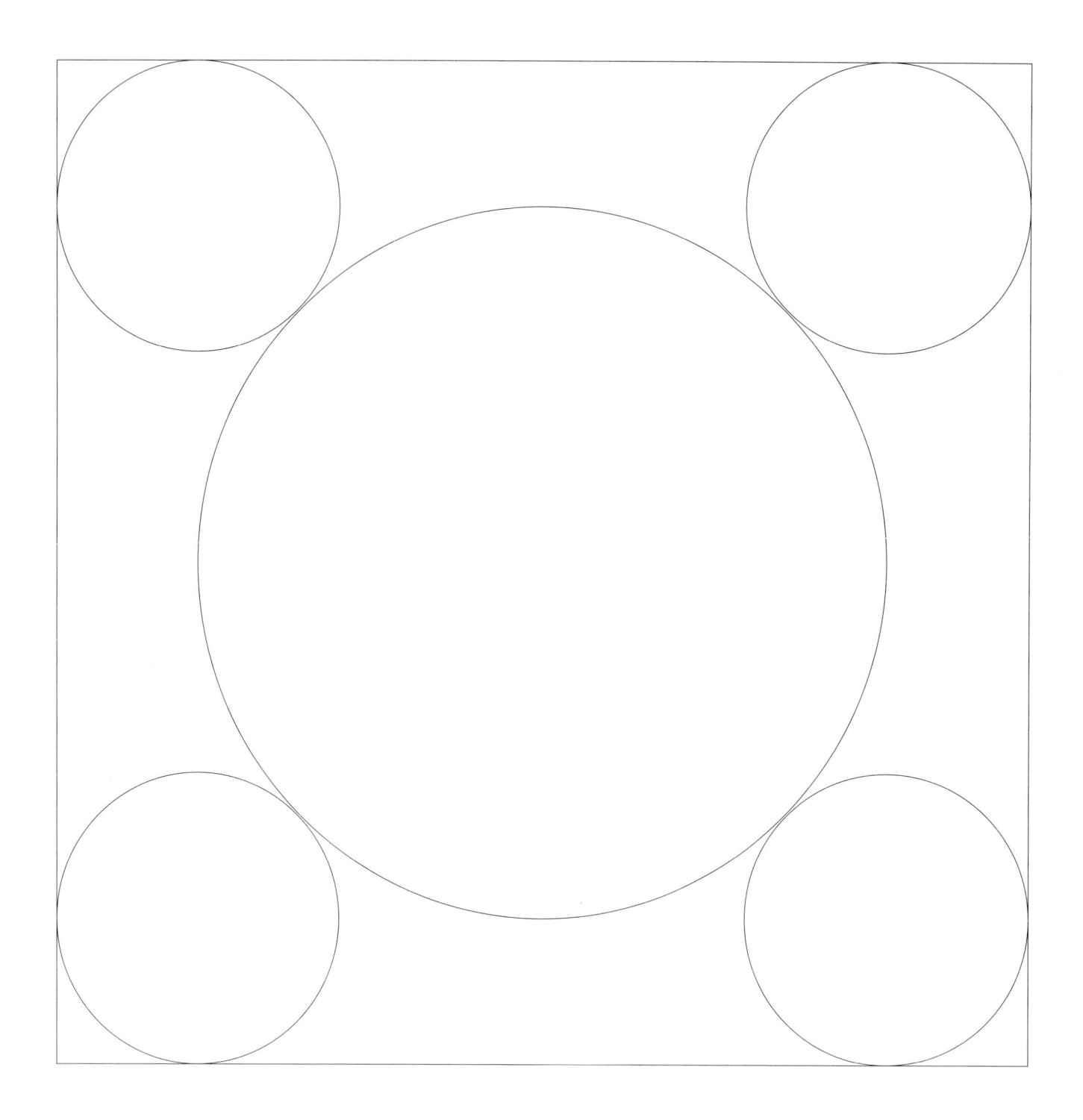

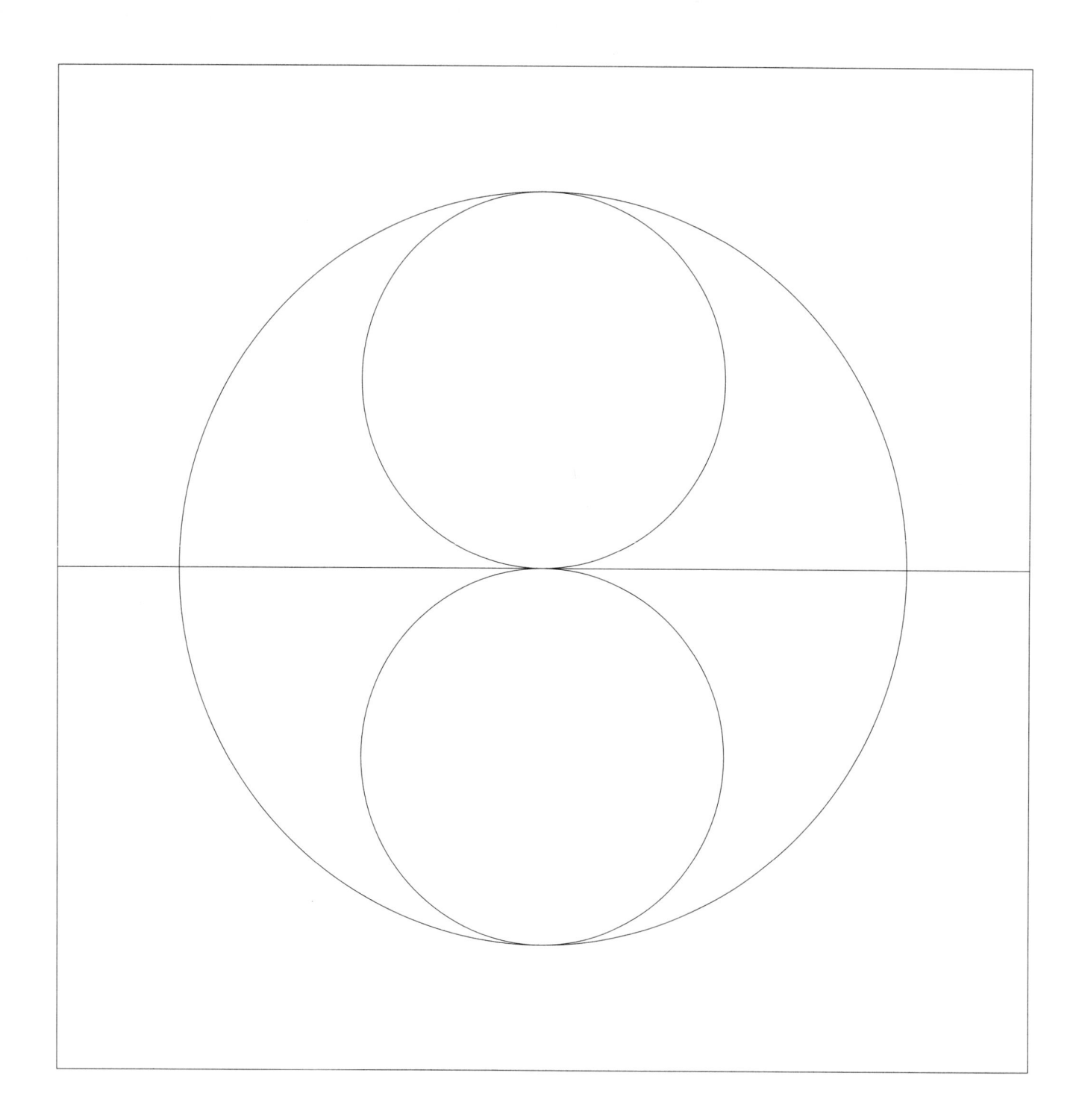

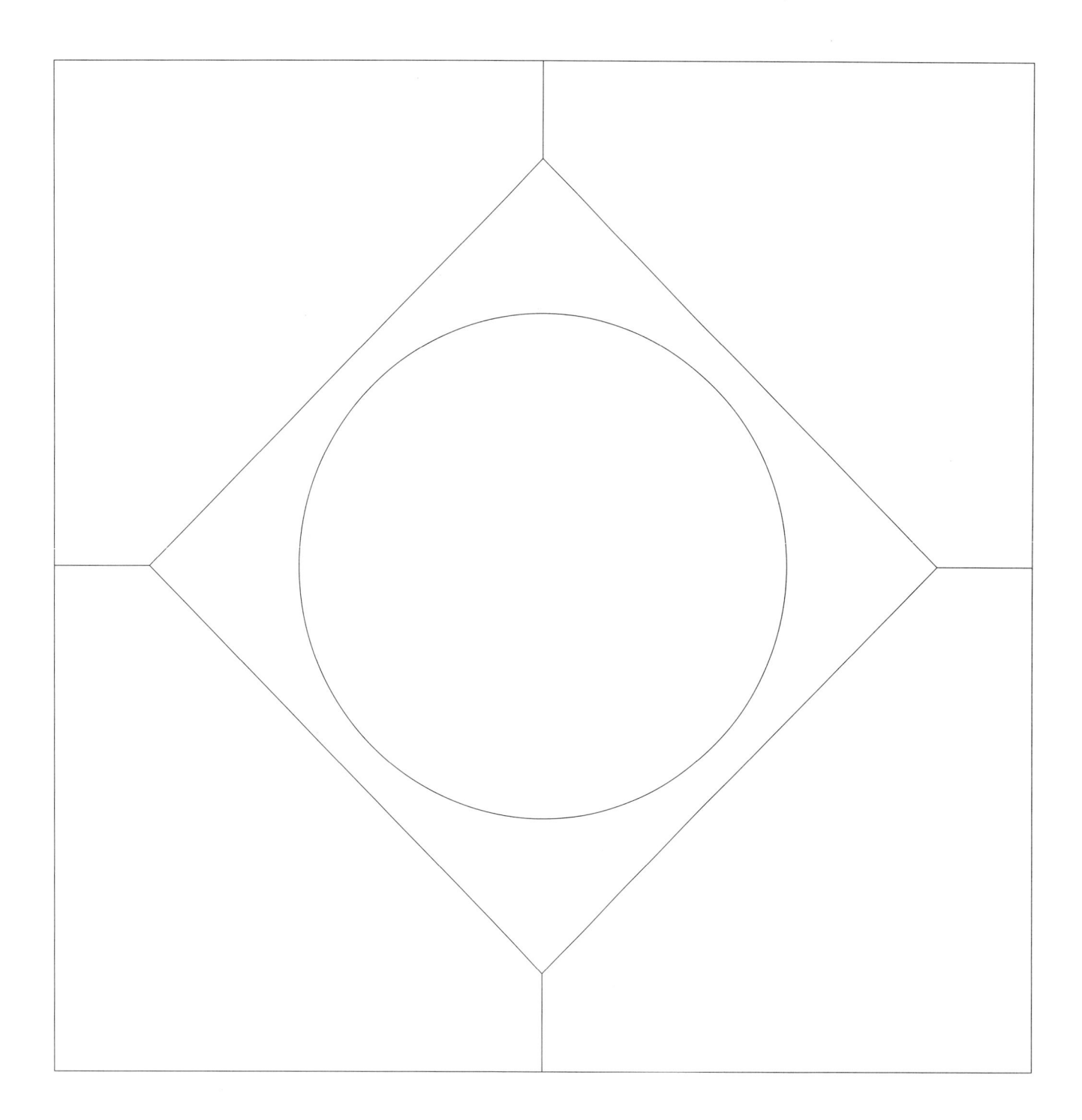

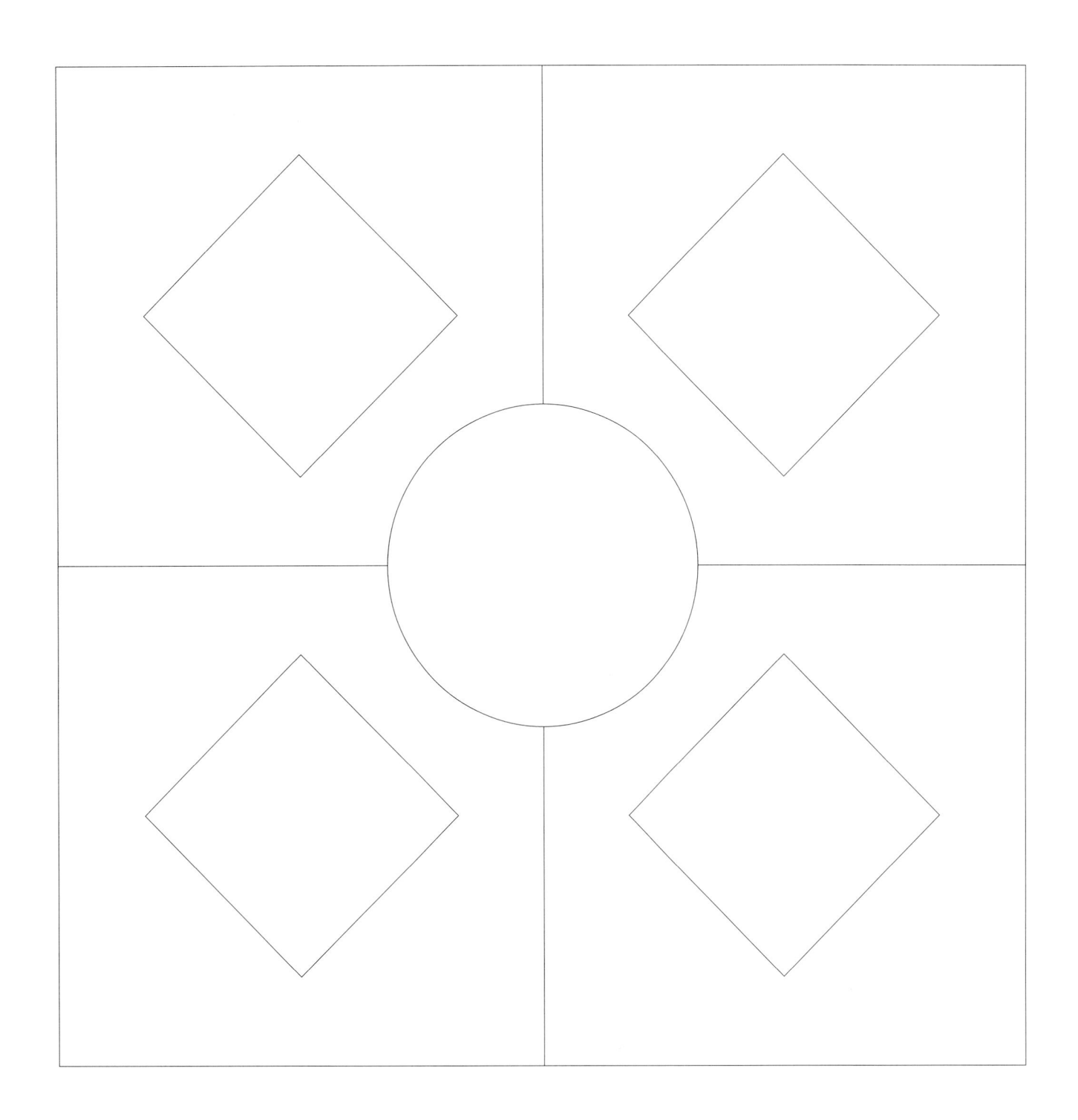

SÍMBOLOS DA VERDADE

Somente depois do século I d.C. é que o Buda passou a ser representado em forma humana. Antes, era representado, por exemplo, por suas pegadas, como sinal de respeito. À medida que a tradição budista foi evoluindo, criou-se um simbolismo rico e diferenciado para registrar as características do Buda, os momentos significativos de sua vida e alguns aspectos do dharma. A figura do "Desperto" é uma inspiração para todos os adeptos dessa fé, mas a cultura budista possui também inúmeros símbolos específicos que ilustram aspectos dos ensinamentos.

O círculo é uma forma comum na maioria das mandalas. Ele sugere tanto o ciclo sem fim da vida (a roda) quanto o estado de plenitude a que os crentes aspiram. Simboliza também a perfeição do dharma – os ensinamentos do Buda. Círculos concêntricos no interior de uma mandala podem denotar camadas de percepção espiritual. A espiral é outra forma importante: seu padrão interconectado representa as forças unidas da sabedoria e da compaixão. Pegadas significam a presença duradoura do Buda transcendente e as imagens de seus olhos denotam sua natureza que tudo vê.

Imagens naturais aparecem com muita frequência. Dois exemplos importantes são a flor do lótus (símbolo da pureza ou transcendência) e a árvore *bo* ou *bodhi* (símbolo da iluminação), sob a qual o Buda se sentou para meditar. Os quatro elementos representam aspectos de nossa natureza interior: Terra (saúde e ser material); Ar (mente e força do pensamento); Água (a flutuação das emoções); e Fogo (inspiração e transformação). Os budistas acreditam também num quinto elemento – o Éter –, associado à esfera espiritual. Animais também são frequentemente representados: o cervo comemora o primeiro sermão do Buda no Parque dos Cervos de Sarnath; o elefante simboliza seu poder, enquanto o leão indica sua majestade e, quando ruge, a disseminação do dharma. O porco, a cobra e o galo representam os vícios que condenam o indivíduo ao *samsara* (renascimento). O porco simboliza a ilusão; o galo, a luxúria; e a cobra, o ódio e a cólera (todos aparecem muitas vezes nas imagens da Roda da Vida).

Objetos também são usados para transmitir significados. Um trono vazio representa a importância do Buda e sua renúncia à realeza; *stupas* (santuários budistas) simbolizam sua morte e entrada no nirvana (libertação do ciclo dos nascimentos e renascimentos); a roda simboliza o dharma; e as Três Joias sugerem os três aspectos fundamentais da fé budista em que os adeptos buscam refúgio: o Buda, o dharma e a comunidade monástica.

As mandalas tradicionais, não raro criadas por monges budistas, podem ser representações altamente elaboradas do nirvana e exigem semanas de trabalho. Algumas das mais impressionantes são feitas de areia colorida. Depois que a mandala cumpre seu objetivo, a areia é dispersada. A mandala física é efêmera, mas os efeitos da meditação do praticante são duradouros. Embora algumas mandalas budistas pareçam muito complexas por suas imagens e simbolismo, a premissa básica deste livro é que uma mandala moderna, com seu simbolismo mais acessível, atende mais às expectativas do praticante ocidental de hoje e mesmo às de qualquer pessoa interessada em orientação ou sabedoria espiritual.

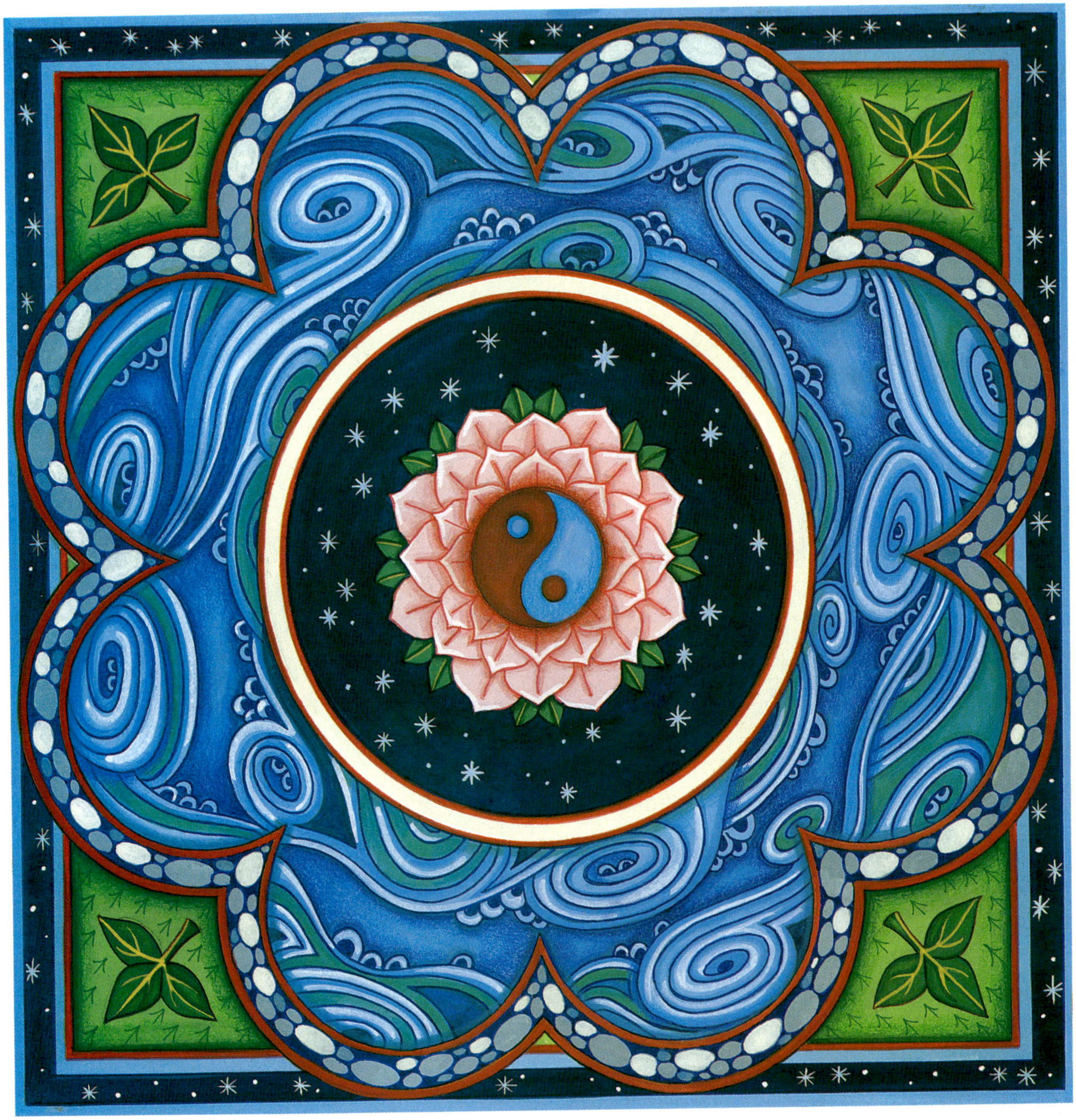

CATÁLOGO DE SÍMBOLOS DAS MANDALAS BUDISTAS

Vários símbolos do budismo adquirem significado a partir da tradição específica em que são encontrados. Por exemplo, os mais antigos, que já apareciam na velha Índia, ocorrem também no hinduísmo – embora, muitas vezes, com um significado ligeiramente diferente. O Buda viveu por volta do século VI a.C., mas não se conhece nenhum artefato budista anterior ao século III a.C. Nas escrituras, temos referências fascinantes ao uso ocasional que o mestre fazia de imagens, como a "Roda da Vida", para tornar suas lições mais acessíveis ou mais expressivas. O tipo mais antigo de monumento budista é a *stupa*, uma estrutura abobadada onde se guardam relíquias sagradas. Com o advento do tantra budista por volta do século VI, novas formas de simbolismo evoluíram, refletindo o uso de imagens como instrumentos para a meditação. Havia um complicado panteão de divindades e protetores, que os budistas de hoje às vezes consideram desconcertantes ou irrelevantes. Ao mesmo tempo, atribuía-se um significado profundo a objetos simbólicos como o *vajra* (raio), um emblema do poder espiritual, e o sino, que representa a sabedoria.

Postura de Meditação
A postura dessa deusa encerra a bondade de todos os Budas.

Raio de Diamante
Trata-se do vajra, que combina a indestrutibilidade do diamante com a força do trovão.

Fonte
No centro do palácio dos deuses existe uma fonte de sabedoria e frescor.

Regatos
Ser uma rocha no meio de um regato é resistir ao destino; o melhor é curvar-se como um caniço.

Lótus
Com suas raízes no pântano, o lótus aspira ao paraíso – uma imagem da pureza espiritual.

Samsara
O ciclo do nascimento, sofrimento, morte e renascimento – ciclo do qual se pode escapar pela iluminação.

Sri Yantra
Uma forma popular de mandala no budismo tibetano. Tem profundo significado cósmico.

Cosmos
A sabedoria do budismo é abrangente: o micro dentro do macro, o eu dentro da eternidade.

Floco de Neve
O zen-budismo acha beleza e força no momento que passa. Todas as alegrias são efêmeras.

Bandeira do Sonho
A bandeira da vitória é um símbolo tibetano do triunfo do Buda sobre a ignorância e o sofrimento.

Trono
O trono alude ao nascimento real do Buda, bem como à realeza espiritual.

Mudança
A mudança é uma das características da vida: a existência da lagarta é breve. Resistir à mudança é inútil.

Roda do Dharma
Símbolo dos ensinamentos budistas, oferecido ao Buda pelo grande deus Brahma.

Símbolo Yin Yang (T'ai Chi)
Símbolo taoista usado pelos budistas chineses: o equilíbrio dos opostos (yin e yang).

Grous
O grou é uma ave querida no Japão. Simboliza a longevidade e a boa sorte.

Título original: *Buddhist Mandalas*.

Copyright © 2013 Watkins Media Limited.

Copyright do texto © 2013 Watkins Media Limited.

Copyright do artwork © 2013 Watkins Media Limited.

Publicado pela primeira vez na Inglaterra em 2013 pela Watkins Media Limited – http://www.watkinspublishing.com.

Copyright da edição brasileira © 2015 Editora Pensamento-Cultrix Ltda.

Texto de acordo com as novas regras ortográficas da língua portuguesa.

1ª edição 2015.

Todos os direitos reservados. Nenhuma parte deste livro pode ser reproduzida ou usada de qualquer forma ou por qualquer meio, eletrônico ou mecânico, inclusive fotocópias, gravações ou sistema de armazenamento em banco de dados, sem permissão por escrito, exceto nos casos de trechos curtos citados em resenhas críticas ou artigos de revista.

A Editora Pensamento não se responsabiliza por eventuais mudanças ocorridas nos endereços convencionais ou eletrônicos citados neste livro.

Editor: Adilson Silva Ramachandra
Editora de texto: Denise de Carvalho Rocha
Gerente editorial: Roseli de S. Ferraz
Produção editorial: Indiara Faria Kayo
Assistente de produção editorial: Brenda Narciso
Editoração eletrônica: Join Bureau
Revisão: Vivian Miwa Matsushita

Dados Internacionais de Catalogação na Publicação (CIP)
(Câmara Brasileira do Livro, SP, Brasil)

Tenzin-Dolma, Lisa
   Mandalas budistas : imagens inspiradas para desenhar, colorir e meditar : acompanhadas de indicações de cores com base na cromoterapia / Lisa Tenzin-Dolma ; tradução Gilson César Cardoso de Souza. – São Paulo : Pensamento, 2015.

   Título original: Buddhist mandalas
   ISBN 978-85-315-1921-5

   1. Arte budista e simbolismo 2. Arteterapia 3. Mandala (Budismo) 4. Meditação I. Título.

15-06311   CDD-294.3

Índices para catálogo sistemático:
1. Mandalas budistas : Budismo 294.3

Direitos de tradução para o Brasil adquiridos com exclusividade pela EDITORA PENSAMENTO-CULTRIX LTDA., que se reserva a propriedade literária desta tradução.
Rua Dr. Mário Vicente, 368 – 04270-000 – São Paulo – SP
Fone: (11) 2066-9000 – Fax: (11) 2066-9008
http://www.editorapensamento.com.br
E-mail: atendimento@editorapensamento.com.br
Foi feito o depósito legal.

Nota do Editor: Este livro não recomenda a meditação com mandalas para o tratamento específico de doenças, apenas para a melhora geral do bem-estar. A meditação é benéfica para a maioria das pessoas e, em geral, não causa danos; entretanto, quem não tiver certeza de que ela lhe convém deve consultar um médico antes de tentar qualquer meditação aqui apresentada. Nem o editor nem a autora se responsabilizam por possíveis lesões ou problemas ocasionados pelas recomendações deste livro ou pela prática das técnicas de meditação aqui mencionadas.